Acompañado

MARICARMEN ORTIZ-CONWAY

BOOK SERIES BY FIG FACTOR MEDIA

WordPower Book Series - Edición Español

© Copyright 2022, Fig Factor Media, LLC.
Todos los derechos reservados.

Todos los derechos reservados. Ninguna parte de este libro puede ser reproducida por procedimientos mecánicos, fotográficos o electrónicos, ni puede ser almacenada en un sistema de recuperación, transmitida en cualquier forma o copiada de otra manera para uso público o privado sin el permiso escrito del propietario del copyright.

Se vende con el entendimiento de que el editor y los autores individuales no se dedican a la prestación de asesoramiento psicológico, legal, contable o de otro tipo profesional. El contenido y los puntos de vista de cada capítulo son la única expresión y opinión de su autor y no necesariamente las opiniones de Fig Factor Media, LLC.

Para más información, póngase en contacto con:

Fig Factor Media, LLC | www.figfactormedia.com

Diseño y maquetación de la portada por Juan Pablo Ruiz
Impreso en los Estados Unidos de América

ISBN: 978-1-957058-52-8
Library of Congress Control Number: 2022911936

DEDICATORIA

Dedico este libro a Don Jaime Orendain Hernández por compartir conmigo la palabra ACOMPAÑADO y a todas las personas que me han acompañado en el camino de la vida, a los ángeles que van apareciendo día a día. Gracias por vivirla, sufrirla y disfrutarla conmigo. En especial, gracias a mis padres que me han amado sin medida y a cada uno de mis hijos a los que también he amado igual: ¡SIN MEDIDA!

AGRADECIMIENTOS

Quiero agradecer a todas y cada una de las personas que me han acompañado a lo largo de mi camino. Su fortaleza para sostenerme en mis momentos difíciles; su inspiración para hacerme querer ser mejor; sus oídos para escucharme siempre, sus brazos para abrazarme y sus labios para aconsejarme y reír conmigo, ha sido lo que me ha acompañado todos los días de mi vida.

A Gloria Romo, por cambiarme la vida; a Jackie Camacho-Ruiz por tu generosidad hacia quienes nos cruzamos en tu camino. Y así, a cada una de mis amigas que hoy son mis hermanas, gracias por siempre estar y por seguir siendo una inspiración para mí.

A ti Timoteo, padre de mis hijos, gracias por tu apoyo infinito. Gracias por esos 4 hijos maravillosos que son la fuerza que guía mi vida. A mis hijos: Alex (Maddie), Max, Ian y Alan, gracias por ser mis maestros, mi inspiración y mi mayor motor. ¡Los Amo!

Y a mi sol, por siempre brillar en mi vida aún en las noches obscuras. Por tu fuerza, brillo, guía, por tu luz. Gracias por abrirme los ojos para vivir y sentir la grandeza de tu creación.

¡SALUD! Brindo por todas y cada una de las personas con las que he tenido contacto a lo largo de mi vida.

INTRO

Estar acompañado lo es todo en la vida. Nuestro primer respiro lo hacemos acompañados. Nadie puede caminar la vida solo.

Y así empezamos nuestro camino, acompañados. Acompañados escuchamos el eco de la vida que nos dicta: ¡Adelante! ¡Tú puedes! ¡No pares! ¡Sigue! ¡Aquí estoy! ¡No estás solo! ¡No dudes! Acompañados de quien baile, disfrute, se caiga y se levante contigo. De quien nos cuide y nos valore, nos haga reír y ría con nosotros, de quien se quede con nosotros a pesar de todo. Y de aquellos que celebren cuando cumplimos un sueño, nos den la mano y caminen con nosotros aun cuando la desventura nos alcance.

Estar acompañado es saber que alguien recorre contigo las estaciones de la vida con sus vaivenes.

Conquista tus desafíos y comparte tu éxito, el éxito compartido se multiplica. Escoge bien a tus ángeles, a tus mentores y a tus guías; para que cuando alcances tus metas, cuando llegues al destino, goces los aciertos y aprendas de tus fracasos. ¡Siempre acompañado!

No todo será fácil, pero ACOMPAÑADO el camino será más bello. Deseo que a través de la vereda que elijas, vayas seleccionando bien a quienes formarán parte de tu ejército.

¡SALUD! Brindo por los guerreros que caminan a nuestro lado, quienes iluminan el sendero y nunca nos dejan caer.

ACOMPAÑADO DE UNO MISMO.

Y sí, empezamos acompañados. Para ser mejores, necesitamos el diálogo con uno mismo. Realmente aquí empieza todo, desde adentro.

Quererse a sí mismo, es el primer paso para poder amar a los demás. Sentirnos espiritual, física, psicológica y emocionalmente fuertes, es la base para poder entregarnos a toda la gente que está a nuestro alrededor. Debemos gustarnos tal cual somos, con todos nuestros defectos y virtudes. No somos perfectos, pero la intención no es serlo. El objetivo es ser feliz. Es aceptarnos, amarnos, conocernos. Es disfrutarnos a plenitud. Pasar un tiempo acompañado de nosotros mismos, es la clave para crecer.

Atrévete a ser tú mismo y a mostrarte tal cual eres. SER AUTÉNTICO es tu secreto. Nadie es como tú. Eres ÚNICO.
No te compares con nadie.
Pierde los miedos y ataduras.
Abre tu mentalidad y libérate: la vida es TUYA.
Quéjate menos y disfruta más.
Agradece siempre.
Vive con fe.
Lucha por tus sueños.
Arriésgate a vivir experiencias únicas.
Inspírate y sé una inspiración para otros.

¡SALUD! Brindo por este camino ACOMPAÑADO de ti mismo, que sea todo un éxito y logres llegar tan lejos como te lo propongas, que puedas amarte y nunca dejar de soñar.

"Todos nacemos felices. En el camino, la vida se ensucia, pero podemos limpiarla. La felicidad no es exuberante ni ruidosa, como el placer o la alegría. Es silenciosa, tranquila, dulce, es un estado de ánimo que comienza al quererse a sí mismo."

–Isabel Allende

ACOMPAÑADO POR TUS MASCOTAS.

"Mascota" es un término que se utiliza para nombrar al animal de compañía, aquellos que acompañan a los seres humanos en su vida cotidiana. Cuando tenemos una mascota, es cuando podemos descubrir, vivir y experimentar el más grande, fiel y desinteresado amor. Solo ellos son capaces de recibirnos siempre con el mismo entusiasmo y amor, no importa si nos fuimos 10 días, o tan sólo 15 minutos.

Cuánta gente dice: "es sólo un perro", "es sólo un gato", sin imaginarse que ellos son todo tu mundo, son los seres que se vuelven parte de la familia y nos hacen sentir siempre amados y acompañados. Son nuestros guardianes de todo y en todo, se vuelven nuestros mejores amigos, nuestra mejor compañía.

Su única misión es hacernos felices, acompañarnos, y repartir ese amor incondicional a todos los miembros de la familia. Te invito a que compartas con tu mascota tantos momentos como sea posible porque, además está comprobado que aumenta la felicidad, mejora la salud y brindan una sensación de seguridad.

¡SALUD! Por esos ángeles que han alegrado nuestros días, que nos han amado y acompañado todos los días de su vida.

ACOMPAÑADO POR LO HERMOSO.

Cuando he tenido la oportunidad de ver y sentir lo más bello que puede pasarte en esta vida, inmediatamente se me viene esta palabra a la mente: HERMOSO

¿Te ha pasado alguna vez sentir cómo la sangre te corre fría por tus venas, cómo te brinca el corazón, sentir una opresión en el pecho que no te permite respirar, ponerte las manos en la boca para no gritar de alegría porque estás viviendo lo más HERMOSO que puedas sentir?

¿Has sentido cómo se te revolucionan las células y así compruebas lo grande que es la vida, sentir cómo la opresión en tu nuca es más grande que tus pensamientos, cómo te paralizas solo de pensar en lo grande de ese HERMOSO instante, al querer morir de felicidad? Esos momentos son mágicos, son momentos únicos donde abrirnos a sentir todo esto nos inyecta energía, nos da vitamina y vida. Permítete vivirlos más, busca vivirlos, ¡encuéntralos! Estos momentos se viven mejor acompañados. Permítete sentir cómo el sol se manifiesta en ti.

¡SALUD! por ese hermoso momento en tu vida. Que tengas muchos, y cuando te pase, seas capaz de vivirlos con la intensidad que mereces.

ACOMPAÑADO POR LA PANDEMIA.

Si mi memoria me faltara alguna vez, hemos vivido una pandemia dura, arrasadora, intensa, gris, de muchas tristezas pero también de muchos kilómetros, de esos que se recorren mejor acompañados; de muchos lugares nuevos, mucho amor, mucha familia -heredada y elegida-, de comienzos, creación e inspiración. Aquí apareció el tiempo, ese que parece nunca ser suficiente, pero que hoy vino a servirnos y a quedarse un poco más. Ha sido un camino de aprendizaje, oportunidades; momentos de introspección, de volvernos a nosotros mismos, descubrirnos, recrearnos y empezar de nuevo.

Esta pandemia nos obligó a enfrentarnos con nuestros miedos y nos ha dejado una herencia de millones de muertos. En muchos casos no sólo han sido muertes de familiares y amigos, sino de ilusiones, trabajos, amistades, matrimonios, convenios y alianzas.

Pero también nos ha dejado el tiempo para valorar y abrazar, triunfar, amar y vencer; de aquí sale la fuerza, la valentía de no dejarla ganar. Estudia, lucha, crece, vive, aprovecha, sueña, escribe. Busca tu momento hermoso, siempre está allí. Fortalécete, disfruta todo a flor de piel porque seguimos vivos, con esa vida que es más grande, esa que parece eterna porque la queremos abrazar, la queremos vivir y disfrutar en plenitud.

¡SALUD! Porque al terminar esta pandemia, puedas voltear y ver lo que has creado, lo que ha nacido de ti; que sea maravilloso y siempre lo puedas disfrutar ACOMPAÑADO.

MÉXICO ACOMPAÑADO.

Nuestras raíces nos acompañan siempre, vamos juntos en un mismo camino. México está lleno de historias en las cuales tu familia y antepasados, te acompañan todos los días de tu vida.

Ser mexicano significa una vida llena de familia heredada y elegida. Es vivir, trabajar, sonreír, llorar y cantar juntos. Es conocer y apreciar nuestras tradiciones, sabores, colores y fiestas. Es gritar con el mariachi y reír con el tequila. Sí, el Tequila que nos recuerda la hermosa tierra a la que pertenecemos, porque sabemos que lo que sembremos en ella nos dará los más grandes frutos. Esa tierra mágica que ve crecer el regalo de los dioses: el AGAVE, necio y persistente en sus raíces, fuerte en sus hojas y dulce de corazón. Con el cuidado de las manos y la fertilidad de la tierra mexicana, surge la belleza eterna en la piña de la cual extraemos esa bebida que conocemos y amamos por recordarnos a nuestro México, lugar donde se vive a flor de piel y siempre alguien nos espera con los brazos abiertos. Tequila, la bebida más emblemática con denominación de origen. Tequila, lleva escrito México entre líneas y se lee la palabra amor de principio a fin.

¡SALUD!, Brindo porque siempre tengas la oportunidad de celebrar con el mejor tequila del mundo, el ACOMPAÑADO. Ese que no sólo sabe a tequila, sino a México; que pone al sol y a la vida en tus manos.

ACOMPAÑADOS DE CON QUIEN ELEGIMOS ESTAR.
"Dime con quién andas y te diré quién eres."

Jim Rohn dijo: "eres el promedio de las 5 personas que te rodean", y no pudo tener más razón.

Es totalmente cierto que nos convertimos en lo que nos rodea. En principio, tenemos aquellas personas que nos han sido impuestas como familia. Pero, por otro lado, tenemos a las personas que hemos elegido voluntariamente para ser parte de nuestras vidas. Aquí están aquellos por los que sentimos un gran interés, ya sea para establecer una amistad, una relación profesional o amorosa. Es aquí donde buscamos tener un ambiente positivo e identificarnos con las personas que están a nuestro alrededor. Pasamos la mayor parte del tiempo acompañados y es muy importante que nos sintamos felices, a gusto con quienes hemos elegido pasar todos y cada uno de nuestros días.

Debemos fortalecer la voluntad de decidir si alejarnos, o mantenernos en contacto con aquellas personas que no aportan nada importante a nuestra vida. Es por eso de suma importancia estar conscientes de saber quiénes son esas personas que hemos elegido para caminar a nuestro lado, para ser nuestros guerreros y confiar en que llegaremos juntos al final de nuestro camino.

Habrá muchos momentos en los que tengamos que dejar a alguien atrás, no todos podrán llegar a la meta con nosotros por diferentes circunstancias; tal vez por no pensar igual o tomar caminos diferentes, pero siempre habremos de honrar, agradecer y recordar a quien nos dio la mano y caminó a nuestro lado.

¡SALUD! Brindo por esas amistades y familiares que hoy ya no están conmigo, pero en su momento, me dieron la fuerza para seguir adelante. Gracias por haber existido, por su ejemplo y por su recuerdo.

"Si caminas solo,
irás más rápido.
Si caminas acompañado,
llegarás más lejos"

–Proverbio Africano

ACOMPAÑADO POR NUESTROS ÁNGELES.

En la vida tenemos seres que nos acompañan en todo momento, seres de luz, ángeles guardianes, el sol, la luna, el universo, Dios, la Virgen (nuestra Patrona); como sea que le llames. Es esa fuerza superior que sabemos existe y nos da fortaleza para resistir los momentos difíciles, a quien tanto agradecemos lo que somos y lo que tenemos.

Todos tenemos alas, todos nacimos para volar. Volar es una aventura y es confiar que siempre hay alguien dispuesto a atraparte por si resbalas, o alguna vez te pesan tus alas; justo ese es el trabajo de los ángeles que viven a nuestro alrededor.

Ellos se aparecen de muchas maneras: en tus sueños, en el aire, en el viento, en las flores, en los amigos. Esos amigos que aparecen en tu vida de repente, a veces solo para cumplir su misión, te dan la mano, y se quedan marcados para siempre en nuestra vida.

¡SALUD! Brindo por nuestra fe, por nuestros ángeles y por la confianza de saber que no estamos solos, sino acompañados.

Que este día seas:
Abrazado por el sol,
iluminado por la luna,
visitado por la alegría,
acompañado por los ángeles
y bendecido por Dios.

CON FE, CON FUERZA Y ACOMPAÑADO.

Como me dice un gran amigo: "El que no aprende de sus errores está condenado a repetirlos. La vida está llena de enseñanzas, de aprendizajes y no es malo caerse; lo importante es levantarse porque es allí donde está la fortaleza del ser humano."

Esos errores y esas noches obscuras, han sido los momentos más grandes de aprendizaje para mí, en los cuales a pesar de la obscuridad y la tormenta más fuerte siempre ha salido el sol. Hoy, agradezco cada uno de ellos y los veo como un estado de gracia, de fuerza y de poder; de ellos emerge la leona dormida, y puedo ver que todos tenemos alas para volar. Confiemos siempre en esos instantes, ya que son nuestros maestros y su misión es fortalecernos.

Recordemos así el camino recorrido, agradeciendo a cada persona que ha estado y formado parte de nuestra historia; esa que se va creando lentamente pero que al voltear pareciera que todo lo forjado durante tantos años, se ha convertido tan solo en unos minutos. La vida es un instante.

Nuestros pensamientos nos acompañan siempre. Dicen que somos lo que pensamos. Hay que manejar nuestra mente porque los pensamientos controlan nuestra vida. Lo importante es pensar menos, arriesgar más y vivir aventuras que nos dejen un hermoso recuerdo. Vivámoslos acompañados de quien quiera estar, de quien saque lo bueno de nosotros y nos haga sentir vivos.

¡SALUD! Brindo por las veces que nos hemos caído y hemos encontrado la fuerza para levantarnos y salir adelante.

EL PLACER DE SERVIR ACOMPAÑADO.

"Los ríos no beben su propia agua; los árboles no comen sus propios frutos; el sol no brilla para sí; las flores no esparcen su fragancia para ellas mismas… Vivir para los otros es una regla de la naturaleza. La vida es buena cuando tú estás feliz; pero la vida es mucho mejor cuando los otros son felices por tu causa. Nuestra naturaleza es el servicio"
-Anónimo

En la vida, el servicio se refiere al acto de servir a los demás, de ayudarlos, de tenderles una mano y apoyar a quien llega a nuestra vida. No hay accidentes. Las personas que tocan nuestra puerta siempre vienen a cumplir una misión y la nuestra, es servirlas. Nadie puede dar lo que no tiene, pero TODOS podemos compartir lo que tenemos. Esa actitud de servicio implica brindar ayuda desde abrir una puerta, hasta hacer lo imposible para asegurarnos de que los demás estén bien. Atender esas necesidades es una manera de vida, la cual he heredado del hombre más servicial y bueno que conozco, a quien tengo la fortuna de llamar PADRE. Un hombre que con su ejemplo nos ha educado para ser serviciales, humildes y estar siempre dispuestos a servir al prójimo. Esa misma filosofía la he transmitido a mis hijos de igual manera. Espero poder verlos convertidos en hombres buenos, caballerosos y serviciales, en toda la extensión de la palabra.

"Quien no vive para servir, no sirve para vivir."
-Madre Teresa de Calcuta.

¡Salud! Brindo por mi padre Armando Ortíz, quien lo es todo en mi vida, y de quien aprendí la palabra SERVICIO. Gracias papito…te amo hasta el infinito.

ACERCA DEL AUTOR

MariCarmen Ortiz-Conway nació en la Ciudad de México, donde creció rodeada del amor de su familia y amigos. Ama profundamente a su país y a su cultura, por lo que se siente orgullosa de ser mexicana. Empresaria, oradora, madre, experta en Tequila y mexicana de corazón.

Al contraer matrimonio en 1992, se mudó a St. Louis Missouri, donde reside actualmente en compañía de sus 4 hijos quienes son su razón de ser, sus maestros, y su más grande inspiración.

Estudió Ciencias de la Comunicación en la Universidad Intercontinental. A su llegada a Estados Unidos, trabajó en el área de mercadotecnia durante varios años, hasta que decidió dedicarse de lleno a su familia.

Con el fin de enamorar a todos de México, en 2015 fundó Pica-di-yo, LLC, una compañía de servicio de banquetes especializada en comida mexicana. Pica-di-yo ha estado presente en grandes eventos como Taste of St. Louis y Art Fair of Clayton, con capacidad de atender hasta 250,000 personas.

Un poco después, empezó su camino en el mundo de las bebidas espirituosas, y actualmente es Experta en Tequila® por Cultura y Capatication del Tequila, A.C., entre otras certificaciones. Para ella es un placer compartir su conocimiento en las bebidas más emblemáticas con Denominación de Origen Mexicanas, siendo éstas un regalo de México para el mundo.

Describe con detalle todo lo que significa MÉXICO EN UNA BOTELLA, y nos lleva a vivir experiencias sensoriales de una manera única, divertida e informativa. La frase de MariCarmen, "Kiss the Tequila" nos hace enamorarnos y comprobar que besando el tequila es la mejor manera de conocerlo.

MariCarmen cree que NADA es imposible, y siempre está agradecida por todo lo que el universo le ha puesto en el camino. Esto le ha permitido ser hoy una mujer más segura, más libre, más mujer, más plena, más entera, más fuerte, más humana y más dispuesta a siempre seguir inspirando y acompañando a quien coincida en su camino. La pasión con la que vive es admirable y hace evidente sus ganas de inspirar a otros y de compartirse con el mundo entero.

El camino de la vida se vive siempre mejor ACOMPAÑADO....

Kissthetequila@gmail.com
Facebook:Mexicoacompañado
IG Agiftfrommexicototheworld

www.ingramcontent.com/pod-product-compliance
Lightning Source LLC
Chambersburg PA
CBHW060411010526
44107CB00006B/649